Totally Spies!™

Série créée par Vincent Chalvon-Demersay, David Michel & Stéphane Berry.
D'après un scénario original de : Richard Elliott & Simon Racioppa.

Novélisation : Vanessa Rubio.
Conception graphique du roman : François Hacker.

Hachette Livre, 43, quai de Grenelle, 75015 Paris.

Totally Spies!™

Hold-up en pantoufles

Nom de code : Sammie, pour les intimes
Look : des robes, des fleurs… des robes à fleurs !
Passion : les livres, encyclopédies et dicos en tout genre
Arme secrète : son cerveau (c'est une tête !)
La phrase qui tue : « Bizarre, bizarre… »

Nom de code : Petite sœur
Look : sportive, mais toujours à la mode
Passion : les arts martiaux
Arme secrète : sa gentillesse (et aussi son coup de pied retourné imparable)
La phrase qui tue : « Spies pour une, toutes pour les Spies ! »

Totally Spies!™

Clover

Nom de code : la Tueuse (de garçons, bien sûr)
Look : toujours à la pointe de la mode
Passion : le shopping… (et les garçons, bien sûr)
Arme secrète : son charme irrésistible
La phrase qui tue : « Il faut que je trouve une tenue pour samedi. »

Jerry

Nom de code : notre chef bien-aimé
Look : hum… Costume, cravate, moustache (une catastrophe !)
Passion : les Spies
Arme secrète : sa moustache ?
La phrase qui tue : « Un peu de sérieux, les filles. »

Gladis

Nom de code : Gadget, Location, Assistance, Dépannage à Intelligence Synthétique (comprenne qui pourra !)
Look : métallique (avec des boutons qui clignotent, attention !)
Passion : la robotique, évidemment
Arme secrète : des bras articulés qui surgissent quand on s'y attend le moins
La phrase qui tue : « Pour cette mission, vous serez équipées d'un système anti-gravitationnel à neutrons auto-propulsé… »

Bonjour, les amies ! **Je m'appelle Alex**, et je vis à Beverly Hills avec mes deux copines, Clover et Sam. Le lycée, c'est fini, place à l'université de Californie ! J'ai hâte d'y être, on va sûrement apprendre un tas de choses intéressantes... et rencontrer plein de beaux garçons ! Mais ça, c'est juste pour la couverture, car nous menons une double vie : les sages étudiantes forment un trio d'espionnes de choc au service du WOOHP, l'organisation mondiale de protection des humains. Sam est le cerveau de la bande, Clover est la plus énergique, tandis que moi, je suis la plus sympa. Malheureusement, je ne sais pas si c'est très utile quand on lutte contre les pires crapules de l'univers ! Surtout que les plus terribles ne sont pas toujours ceux qu'on croit. Lors de notre dernière mission, nous avons eu affaire à une bande de malfaiteurs qui cachait bien son jeu. À vrai dire, je me suis complètement laissé avoir !

Chapitre 1

10 h 01

Plage de Malibu

— Pff ! J'y crois pas. Plus qu'une semaine et c'est la rentrée, a soupiré Sam.

— Ouais, c'est incroyable, ai-je renchéri. J'ai l'impression qu'on a quitté le lycée hier.

Nous avions décidé de passer nos derniers jours de vacances en révisant au bord de la mer. Parce que l'entrée à l'université, ça se prépare ! Enfin, Sam et moi, nous étions plongées dans nos bouquins, à l'ombre d'un parasol, tandis que Clover, elle, se prélassait au soleil.

— Hé, Clover ! Je te rappelle qu'on est censées réviser ! a protesté Sam.

Notre amie s'est retartinée de crème solaire avec nonchalance, en répliquant :

— Tu connais ma devise : « Une étudiante comblée est une étudiante bronzée. » On ne peut pas apprécier les bonnes notes avec un teint de navet !

— D'accord, mais pour pouvoir apprécier les bonnes notes, il faut avant tout essayer d'en avoir, ai-je fait valoir avec mon bon sens habituel.

Je suis peut-être la plus jeune de la bande, mais j'ai les pieds sur terre !

Clover s'est étirée comme un chat au soleil.

— Je ne me fais aucun souci, j'ai confiance en mes capacités natu… aïe !

Un ballon de volley venait malencontreusement d'atterrir sur sa serviette, la couvrant copieusement de sable.

— Non, mais ça va pas ! a-t-elle hurlé. Qui ose me déranger ? Vous ne voyez pas que je travaille assidûment mon bronzage ?

— Oh, désolé…, a balbutié une voix au-dessus d'elle.

Clover a levé les yeux et là, son ton a changé du tout au tout. Car le garçon qui s'excusait piteusement était… comment dire ? Beau ? Non, plus que ça. Sam le décrirait sans doute mieux que moi, elle est plus douée en rédaction. Bref, il aurait pu poser dans un magazine. Large d'épaules, musclé, bronzé, coupe tout ébouriffée craquante…

Miss Bronzette s'est levée d'un bond.

— Oh, mais ce n'est pas grave, a-t-elle susurré. Salut, moi, c'est Clover, et toi ?

— Je m'appelle Ben, je suis le capitaine de l'équipe de beach volley de Malibu.

La bouche en cœur, elle s'est exclamée :

— Waouh, super ! Et, à part ça, qu'est-ce que tu fais quand tu n'es pas sur le terrain ?

L'Apollon s'est gratté la tête. Je sais que ce n'est pas très gentil de dire ça, mais… il ne me semblait pas très très vif. Au niveau intellectuel, vous voyez.

— Eh ben, mon entraîneur dit que si je passais moins de temps à faire les magasins, à siroter des cappuccinos à la cafétéria ou à bronzer sur la plage, je pourrais passer professionnel.

Là, j'ai cru que Clover allait s'évanouir de bonheur.

— Surtout n'écoute pas cet entraîneur de malheur ! Pour moi, tu es parfait. C'est très bien de ne s'intéresser qu'à des choses intéressantes. Si tu as un peu de temps, entre un entraînement et une virée shopping, appelle-moi.

Elle a trempé son index dans la crème solaire et lui a noté du bout du doigt son numéro de téléphone

sur le torse. Je n'en croyais pas mes yeux ! Et lui non plus, d'ailleurs.

— O-O-OK, a-t-il bégayé, je t'appelle pour un petit cappuccino, alors.

Il a filé, son ballon sous le bras, tandis que Clover lui faisait de grands signes.

— C’est dingue ! ai-je murmuré.

— Ouais, a confirmé Sam en se frappant le front, jamais je n’aurais cru qu’il existait une copie conforme de Clover au masculin.

En attendant, notre amie était sur son petit nuage.

— Le rêve ! Je viens de rencontrer un garçon super canon, qui aime tout ce que j’aime… Rien ne pourra gâcher cette magnifique journée… aaaaah !

Rien sauf Jerry. Car le sol s’est ouvert sous nos pieds et nous avons été aspirées dans un tourbillon de sable à l'intérieur des tunnels du WOOHP.

Chapitre 2

11h14

QG du WOOHP

Nous avons atterri (ainsi que la moitié de la plage de Malibu) au milieu du bureau de Jerry.

— Je commence à croire qu'il y a une conspiration pour m'empêcher de bronzer ! a râlé Clover en crachant du sable.

— Point du tout. En revanche,

j'ai une mission pour vous, mesdemoiselles, a annoncé notre chef. Vous allez escorter un détenu extrêmement dangereux de la prison du WOOHP au pénitencier de haute sécurité que nous venons de faire construire.

Pour nous, c'était une mission de routine.

— Quel redoutable criminel devons-nous transférer aujourd'hui ? ai-je demandé.

Jerry a tortillé sa petite moustache, signe qu'il était gêné.

— Eh bien, hum… les filles, je vous présente Mamie.

Sur l'écran géant derrière son bureau, nous avons vu apparaître la photo d'une vieille dame, équipée de la panoplie complète de la parfaite grand-mère : chignon gris, petites lunettes dorées et gilet en tricot jaune canari. Évidemment, nous avons éclaté de rire.

— Vous plaisantez, Jerry ? C'est elle, la terrible criminelle ? a pouffé Sam.

— De quoi est-elle coupable ? D'avoir piqué le livre de recettes de sa voisine ? a enchaîné Clover.

Moi, j'en avais les larmes aux yeux. (Je suis un peu trop sensible, je sais.)

— Oh, elle me rappelle ma grand-mère qui est si gentille ! me suis-je exclamée. D'ailleurs, il faut que je lui téléphone. Elle me manque tellement, ma petite mamie !

Jerry a secoué la tête d'un air grave.

— Ne vous fiez pas aux apparences. Mamie a été la braqueuse de banques la plus célèbre de son époque.

— Mais avec l'âge, elle a dû s'assagir, a affirmé Clover.

— Ça, c'est ce que vous croyez, a répliqué Jerry. Elle a déjà trente-cinq tentatives d'évasion à son actif. Voilà pourquoi nous vous avons préparé des gadgets de pointe. Gilets autogonflants, sac à dos jet-propulsés, lunettes de soleil à détecteur infrarouge et une bombe de vaporineige à effet refroidissant instantané.

Sam a haussé les épaules.

— Nous n'aurons pas besoin d'un matériel aussi sophistiqué pour accompagner une vieille dame de quatre-vingts ans.

— Si on n'est pas capables de maîtriser une grand-mère en pantoufles, alors on est bonnes pour la retraite, ai-je renchéri.

— Je vous assure que Mamie est

sournoise et très rusée. Ne prenez pas de risques, soyez vigilantes, nous a suppliées notre chef. Votre nouveau véhicule vous y aidera.

Une cloison a coulissé, découvrant un énorme 4X4 flambant neuf.

Nous nous sommes précipitées pour le découvrir.

— Waouh ! Génial ! Il a une carrosserie anti-effraction en titane, ai-je constaté en tapotant la peinture métallisée.

— Oui, a confirmé Jerry, tout fier, et il est équipé d'un système d'éjection en cas de problème.

Clover est montée à l'intérieur. Elle a baissé le pare-soleil pour examiner le miroir caché dessous.

— Il y a une grande glace avec une petite lampe pour se refaire une beauté, même la nuit. Le top ! Et une boîte à gants réfrigérée afin de garder le maquillage au frais. J'adore !

Ah, elle est trop mignonne, notre Clover. Toujours concentrée sur des détails importants.

— Je conduis ! a décrété Sam.

Comme c'est la plus intelligente, elle a tendance à commander. C'est un peu agaçant, à force.

— Je propose qu'on prenne le volant chacune notre tour, suis-je intervenue.

— Non, je pense que je suis plus…

Un cri a interrompu notre dispute :

— Haut les mains !

Nous avons sursauté, levant les bras en l'air, terrorisées.

Mais ce n'était que Mamie qui arrivait, entourée par des gardes du WOOHP. La honte !

Elle a souri derrière ses petites lunettes dorées, toute contente de sa blague. Ça commençait bien !

Vexées, nous avons baissé les bras, tentant de retrouver notre dignité.

— C'était pour rire, mes petites ! s'est-elle esclaffée. Rire plusieurs minutes par jour, c'est excellent pour la santé, vous savez.

Mais soudain un délicieux parfum m'a chatouillé les narines. Je n'ai pas pu résister.

— Miam ! Cette bonne odeur, c'est toute mon enfance.

Oubliée, la dignité ! Je me suis ruée sur le petit sac en kraft que tenait Mamie.

— Croustillant à l'extérieur, moelleux et fondant à l'intérieur…

— Manger un cookie à la cerise, c'est la fête de la gourmandise, a-t-elle conclu avec moi. Servez-vous, mesdemoiselles.

Mais alors que j'allais croquer dans un biscuit, Sam s'est interposée et l'a écarté d'un coup de pied, comme s'il s'agissait d'une grenade dégoupillée.

— Qu'est-ce qui te prend, Sammie ? ai-je protesté.

— Dois-je te rappeler cette règle élémentaire de sécurité : on n'accepte jamais de friandises de la part d'un inconnu !

— Oh, mais je les ai faits avec amour dans les cuisines de la prison. Tout ce qu'on peut me reprocher, c'est d'y incorporer en douce un peu de crème fraîche.

Clover a aussitôt lâché le sien comme s'il était empoisonné.

— Beurk ! Mais c'est très mauvais pour la ligne, ça !

— Allons, même avec quelques grammes de plus, vous seriez toujours aussi belle, a remarqué Mamie d'une voix douce.

Elle lui a adressé un clin d'œil complice.

— Vous devez avoir tous les garçons à vos pieds, non ?

Clover s'est passé la main dans les cheveux, l'air modeste.

— Tous ? Non, il ne faut pas exagérer. Mais presque tous, oui, a-t-elle affirmé avec un petit rire.

Sam est alors intervenue.

— N'oubliez pas que Jerry nous a mises en garde. Ne vous fiez pas à son air inoffensif ! nous a-t-elle reproché de son ton de maîtresse d'école.

Mamie l'a regardée en souriant.

— Vous, vous êtes le cerveau de l'équipe, c'est évident. Avec une telle intelligence, vous devez déjouer les plans des criminels, même les plus complexes !

L'air sévère de Sam s'est aussitôt évaporé, elle est devenue toute rouge.

En souriant béatement, elle a répondu :

— C'est vrai que je me débrouille pas mal.

Mamie a alors agité son petit sachet en papier.

— Maintenant qu'on a fait connaissance, qui veut un cookie ?

Nous nous sommes servies avec entrain.

Miam, c'était délicieux ! Ses biscuits fondaient dans la bouche !

— Ne croyez-vous pas qu'il est temps de se mettre en route ? nous a-t-elle rappelé. Il serait indélicat de faire attendre vos collègues du pénitencier.

— Vous avez raison, a confirmé Sam. En voiture, Mamie !

Elle a pris le volant. Je l'ai laissée faire, je préférais avoir les mains libres pour pouvoir me gaver de cookies. Mamie s'est assise à côté d'elle à l'avant et a aussitôt sorti son tricot.

Clover et moi, nous nous sommes installées à l'arrière. J'avais presque l'impression de partir en vacances avec ma grand-mère.

— Tout le monde a attaché sa

ceinture ? Alors en route pour l'aventure ! a lancé Sam en démarrant.

Chapitre 3

14 h 04

Sur la route du pénitencier

— D'après les indications de mon com-poudrier, on devrait bientôt apercevoir le nouveau pénitencier du WOOHP, a annoncé Sam.

— Parfait, je viens juste de terminer mon dernier rang, a répondu Mamie. Voilà un petit cadeau. Ce n'est pas grand-chose, mais comme ça, vous aurez un souvenir de moi.

Elle lui a tendu une sorte de pochette en laine en expliquant :

— Je vous ai confectionné un étui pour votre com-poudrier.

Sam a une fois de plus rougi.

— Oh merci ! Comment avez-vous deviné que le violet était ma couleur préférée ?

— Disons que je me suis fiée à mon intuition de grand-mère.

Ne voulant pas être en reste, j'ai réclamé :

— Je pourrais avoir un autre cookie ?

Mamie me l'a fourré dans le bec. Miam !

Puis elle s'est frotté les poignets en retenant une grimace de douleur.

— Oh, vous avez mal à cause des menottes ? s'est inquiétée Clover.

— Non, ce sont mes rhumatismes qui me font souffrir. C'est l'âge, vous savez ! Mais si vous les desserriez un peu, ce serait plus supportable, a-t-elle dit doucement.

Nous nous sommes consultées du regard et nous avons acquiescé d'un même mouvement.

— Je crois qu'on peut vous accorder cette petite faveur, a décrété Clover. Vous l'avez bien méritée, Mamie.

Mais elle avait à peine desserré les menottes que, hop ! Mamie en a profité pour les ouvrir d'un petit coup d'aiguille à tricoter !

Pétrifiées par la surprise, nous sommes restées bouche bée.

— Dommage, mes petites, j'aurais bien continué à faire la causette avec vous, mais d'autres projets m'attendent. À mon âge, on n'a pas toute la vie devant soi !

Sans nous laisser le temps de réagir, elle s'est retournée et a appuyé sur les boutons éjection de nos sièges.

— Bon voyage, mesdemoiselles !

Clover et moi, nous avons été projetées dans les airs comme des fusées. Heureusement que nous avions nos gilets autogonflants pour amortir la chute.

Quelques minutes plus tard, nous avons vu Sam voler à son tour dans le ciel.

Mamie lui avait fait subir le même sort. Elle a atterri non loin de nous, complètement dépitée.

— C'est incroyable, elle m'a arraché le volant des mains. Je n'osais pas la frapper, c'est une vieille dame, quand même. Et elle en a profité !

— Super, on s'est fait rouler dans la farine par la reine des cookies, ai-je grommelé.

Ça m'a énervée. Moi qui ai si bon cœur, je n'aime pas que des personnes mal intentionnées en profitent.

Clover avait du mal à s'en remettre.

— On aurait dû se méfier ! Une femme qui porte un gilet jaune canari aussi affreux ne peut être qu'un danger public !

La tête basse, Sam a sorti son com-poudrier pour appeler Jerry. Mais avant, il a fallu qu'elle arrache l'abominable étui violet dont Mamie l'avait enveloppé.

— Grrr, je m'en veux de m'être laissé avoir par les flatteries d'une grand-mère !

Le visage inquiet de notre chef est apparu en hologramme.

— Allô, les filles ? Les gardiens du pénitencier commencent à se demander où vous êtes !

— C'est-à-dire qu'on a eu un

petit problème, Jerry, ai-je annoncé.

— Oui, Mémé s'est rebellée et elle nous a larguées sur le bord de la route, a expliqué Clover.

— Je vous avais prévenues, a-t-il soupiré. Elle est extrêmement rusée !

— Ne vous inquiétez pas, on va vite réparer ça, a assuré Sam, toujours très pro. On devrait pouvoir pister le 4 X 4 sur nos com-poudriers.

— On va fondre sur elle comme Clover sur des chaussures en soldes, ai-je promis.

— J'espère bien, parce que je suis sûr qu'elle a prévu un nouveau braquage… a affirmé Jerry.

Chapitre 4

13 h 45

Dans le ciel de Californie

Aussitôt, nous avons activé nos sacs à dos jet-propulsés.

— En avant, à la poursuite de la grand-mère voleuse ! ai-je crié en fendant les airs.

Nous étions en plein ciel lorsque le portable de Clover a sonné.

— Oh, je parie que c'est Ben ! Allô ?

— Salut, Clover ! Tu es en train de te sécher les cheveux ? Il y a un drôle de bruit de fond.

— Euh non, c'est ma sonnerie « Tempête de printemps ». Original, hein ?

— Ça ne peut pas être ta sonnerie, tu viens de décrocher ! s'est-il étonné.

Hum, je retire ce que j'ai dit au

début. Il n'était peut-être pas si bête que ça, finalement.

— Ah, euh... oui ! s'est embrouillée Clover. Désolée, je suis un peu déconcentrée parce que je... je suis en train de faire du parachute ascensionnel. Et il y a beaucoup de vent.

— Alors on ne peut pas prendre un cappuccino ensemble ?

— Si, si, je serai au Malibu Café à quinze heures !

Elle a raccroché en serrant le téléphone contre son cœur.

— Les filles, je crois que je suis amoureuse !

Nous nous sommes posées en ville. Le com-poudrier indiquait que le 4 X 4 s'était arrêté dans un entrepôt. Vite, nous avons foncé en hurlant :

— Mamie, rendez-vous sans discuter !

Mais nous arrivions trop tard.

Le véhicule était vide. Mamie avait disparu. Et les cookies à la cerise aussi.

Dommage, j'en aurais bien repris un petit dernier, moi.

— C'est fou ! s'est exclamée Clover. Elle a réussi à nous semer malgré nos sacs à dos jet-propulsés. Je me demande ce qu'elle prend au petit déjeuner…

— Je ne sais pas, ai-je soupiré. Mais j'espère avoir la même pêche qu'elle quand j'aurai son âge.

Sam a chaussé ses lunettes à détecteur infrarouge pour scanner les environs.

— Vous me croirez ou non, mais Mamie a escaladé ce mur.

Effectivement, quelques fibres d'une couleur jaune canari caractéristique étaient restées coincées entre les briques.

D'un bond agile – et grâce aux semelles super ressort de nos bottines –, nous sommes passées de l'autre côté du mur.

Là, nous avons découvert un bâtiment coquet et fleuri, au cœur d'un grand parc ombragé.

— Maison de retraite « Les Jours heureux », ai-je déchiffré sur le panneau. Qu'est-ce qu'une ancienne braqueuse de banques vient faire ici ?

— Elle veut peut-être finir sa vie au calme, a suggéré Clover.

— Je n'y crois pas une seule seconde, a répliqué Sam.

— Si on veut enquêter à l'intérieur, mieux vaut adopter une tenue appropriée pour passer inaperçues, ai-je proposé.

Cachées derrière un arbre, nous avons appuyé sur la touche

« Relooking express » du compoudrier. Et nous nous sommes instantanément retrouvées transformées en mémés. Enfin, Sam et moi, parce que Clover, elle, était déguisée en grand-père. Vous auriez dû voir ça !

J'avais les cheveux blancs, avec un tablier en dentelle sur ma robe violette. Sam avait une robe à froufrous bleue. Quand à Clover, elle, enfin, *il* portait un pantalon à bretelles et surtout une superbe barbe blanche. Et évidemment, nous étions toutes les trois affublées de lunettes et de quelques kilos en plus.

— Waouh, Clover ! Tu as un look de folie ! s'est exclamée Sam.

— Grumpf ! Cette barbe synthétique me démange, a-t-elle répondu d'une voix de papy bougon. Pour la peine, Jerry me devra une crème anti-rides pour le visage.

Chapitre 5

14 h 12
Maison de retraite « Les Jours heureux »

En riant, nous sommes entrées dans la maison de retraite où un résident nous a proposé une partie de bridge. C'était parfait pour notre couverture. Il a distribué les cartes… mais il s'est vite aperçu qu'aucune de nous ne savait jouer.

— Qu'est-ce que vous fabriquez ? Vous trichez ou quoi ? Ah, je n'aime pas les tricheurs, moi ! s'est-il emporté en nous menaçant avec sa canne.

Heureusement, une détonation a retenti quelque part dans le bâtiment, détournant son attention.

— Désolée, monsieur, ai-je fait d'une voix chevrotante. On dirait que des garnements s'amusent à lancer des pétards. Il faut aller voir ça !

Nous avons couru (et avec une robe longue et des chaussures de mémé, je peux vous assurer que ce n'est pas facile) vers la source de l'explosion.

Mamie avait carrément fait sauter un mur. Nous sommes arrivées pile au moment où elle aidait un résident à s'échapper de la maison de retraite ! Le grand-père s'est enfui, mais je me suis jetée sur Mamie pour l'immobiliser. Elle s'est défendue en me martelant la tête à coups de chausson.

— Vous allez me laisser tranquille, méchante fille !

— Même pas mal, ai-je répliqué.

Mais elle a porté le coup de grâce

en nous asphyxiant avec l'odeur de ses pantoufles. Pff ! Quelle horreur !

Ensuite elle nous a punaisé au mur, Clover et moi, en nous jetant ses épingles à chignon, comme un ninja surentraîné.

Et, vous me croirez si vous voulez, mais elle nous a échappé ! Nous, les Super Spies, terrassées

par une grand-mère en pantoufles !

Mamie venait juste de nous filer entre les pattes quand la sonnerie du com-poudrier de Sam a retenti.

Notre pauvre chef avait l'air très préoccupé.

— On vient de me signaler une évasion de la prison du WOOHP. Il s'agit de Tatie, l'ancienne complice de Mamie, âgée elle aussi de plus de quatre-vingts ans.

— Laissez-moi deviner, Jerry, est intervenue Sam. À l'époque, ils étaient trois à braquer des banques ensemble, non ?

— Oui, il y avait aussi dans la bande un gangster qui a purgé quinze ans de prison. Je crois qu'il se fait appeler Papy. Je vous envoie leur photo.

L'image s'est affichée sur le compoudrier. Effectivement, ils avaient vieilli, mais on reconnaissait bien Papy et Mamie !

— Eh bien, le trio s'est reformé ! s'est exclamée Clover.

— Vous les avez arrêtés ? s'est étonné Jerry.

— Hum, pas exactement, ai-je bafouillé. Mais ça ne va pas tarder.

— Je compte sur vous, je suis sûr qu'ils mijotent un mauvais coup.

— Ne vous en faites pas, Jerry, l'a rassuré Sam. On ne va pas se laisser faire par des gangsters du troisième âge !

Après avoir raccroché, nous avons filé à Malibu. Sam avait promis à Clover qu'elle pourrait aller à son rendez-vous avec Ben. La seule chose que Clover n'avait pas prévue, c'est que son com-poudrier tomberait en panne. Impossible d'utiliser la touche « Relooking express » ! Elle a donc dû rejoindre Ben habillée en grand-père. Super glamour !

— Hum, Clover ? C'est toi ? a bégayé le pauvre garçon en la voyant entrer dans le café.

— Salut, Ben !

Sam et moi, nous nous sommes discrètement installées à une autre table. J'avais du mal à me retenir de rire. Ça faisait vraiment drôle de voir un pépé barbu battre des cils comme une collégienne !

Ben s'est gratté la tête (j'ai l'impression que c'est un tic, chez lui).

— Oh… tu ne m'avais pas dit que tu viendrais déguisée !

— C'est que... je répète une pièce de théâtre, a inventé Clover. Et je n'ai pas eu le temps de me changer !

— Waouh ! a-t-il sifflé, impressionné. Tu veux devenir une star ?

Papy Clover a battu des cils encore plus vite.

— Oui, je pense que je suis assez douée pour les rôles de composition.

— C'est génial.

Je n'ai pas pu écouter le reste de la conversation parce que Sam m'a montré un document sur son compoudrier. (Elle n'oublie jamais le boulot... Sacrée Sammie !)

— Regarde, Alex. Mamie, Papy et Tatie ont été arrêtés en cambriolant la banque centrale, il y a cinquante ans. Ce coup devait être l'apogée de leur carrière, mais malheureusement, ça s'est fini derrière les barreaux. Tu ne penses pas que…

— Ils vont tenter de recommencer, ai-je complété. Bien sûr ! Tu as raison ! Tu es vraiment une pro, Sam !

— Merci, Alex, a-t-elle répondu d'un air modeste.

Elle était déjà debout et avait agrippé Clover par le bras.

— Désolée, Clover, mais tu sais que Mamie déteste qu'on la fasse attendre.

— Hein ? Euh… ah oui, c'est vrai, on doit aller chez ma grand-mère, a répondu la reine de l'improvisation. À plus tard, Ben !

Et elle l'a planté là sans plus d'explications. Il devait vraiment

commencer à se demander à quelle folle furieuse il avait affaire !

Chapitre 6

15 h 35

Banque centrale de Beverly Hills

D'un coup de sac à dos jet-propulsé, nous avons foncé à la banque. Mais Mamie était arrivée avant nous. Heureusement, nous les Spies, nous sommes préparées à ce genre de situations délicates. Afin d'arrêter nos trois vieux braqueurs sans blesser personne, nous nous étions discrètement faufilées dans la banque par le conduit d'aération. Et nous avons attendu le moment propice pour agir.

— Bonjour, madame, l'a saluée la guichetière sans se méfier. Que puis-je pour vous ?

De sa petite voix sucrée de grand-mère, elle a répondu :

— Je voudrais faire un important retrait en espèces... mais je préfère me servir moi-même ! a-t-elle ajouté en la saisissant par le col. Les mains en l'air tout le monde !

Les gens hésitaient à obéir, car elle n'était pas armée. Et puis qui aurait peur d'une gentille petite mamie ? Ils devaient juste penser qu'elle perdait un peu la tête.

Même les agents de sécurité n'osaient pas intervenir, craignant de brutaliser une dame âgée.

Mais, tout à coup, Papy et Tatie ont fait exploser la porte de la banque et ont débarqué à bord d'un petit chariot roulant.

Effrayés par la détonation, les clients se sont jetés à terre. C'était la panique totale !

— Il faut être serviable avec les personnes âgées. Remplissez notre chariot de billets ! a ordonné Mamie.

À ce moment-là, nous avons joué de l'effet de surprise.

Sam s'est plantée devant le chariot en criant :

– Allez, la fête est finie ! Tout ce petit monde va gentiment rentrer à la maison de retraite. Euh, pardon, à la maison d'arrêt !

Mais Papy n'avait pas l'intention de se laisser faire. Il a lancé son dentier comme un frisbee. Vous imaginez ? Ce truc tout baveux et plein de dents a fendu les airs, clac, clac, clac, clac ! Nous avons juste eu le temps de baisser la tête et il est venu se planter dans la porte en bois derrière nous.

— Waouh ! Pas mal, comme gadget ! ai-je soufflé. Il faudrait en parler à Jerry.

Visiblement, le trio d'enfer ne voulait pas se rendre sans violence, il fallait donc employer la manière forte. Clover a tenté d'immobiliser Mamie avec une prise de kung-fu, mais la grand-mère était une experte en arts martiaux. Elle parait coup sur coup avec une agilité de jeune fille. Elle qui se plaignait tout à l'heure d'avoir des rhumatismes. Elle nous avait bien eues !

Alors que j'allais me jeter sur Tatie, elle m'a jeté son filet à chignon et je me suis retrouvée prise au piège comme un papillon. J'ai beau être très patiente, surtout

avec les personnes du troisième âge, je commençais à être un peu agacée.

— Non, mais je rêve ! ai-je crié. C'est quoi le prochain gadget ? Une broche explosive ?

Je ne croyais pas si bien dire ! J'avais à peine fini ma phrase que Tatie s'est mise à viser Sam avec une broche affreuse qui lançait des rayons. Pendant ce temps, Mamie martyrisait les employés de la banque en leur donnant des coups de règle.

— Plus vite, plus vite ! Dépêchez-vous de charger les sacs de billets ! Ah, les paresseux ! Quand mes petits-enfants ne m'obéissent pas, je leur donne une petite tape sur les doigts. Comme ça !

Bref, je dois bien avouer que nous étions un peu dépassées par les événements.

Mais le pire était à venir.

Alors que ses complices se repliaient vers la sortie avec leur chariot débordant de billets, Tatie a soudain sorti un petit sachet de sa poche.

— Un bonbon à la framboise, mesdemoiselles ? nous a-t-elle proposé.

Sans attendre notre réponse, elle nous a bombardées de pastilles poisseuses qui fondaient sur nous comme de la colle. On ne pouvait plus bouger !

— Beurk ! C'est immonde ! Nous voilà comme trois insectes englués dans un chewing-gum géant, a gémi Clover.

— J'adore les bonbons, ai-je pleurniché, mais je ne veux pas finir comme ça !

Papy nous a adressé un signe de la main en filant avec ses deux acolytes sur le chariot.

— Ciao, les filles ! On vous enverra une carte postale du Mexique.

C'était vraiment la super honte pour les super espionnes.

Soudain, j'ai entendu la petite phrase qui nous sauve si souvent :

— J'ai une idée ! s'est exclamée Sam.

Elle a tiré de sa poche le vapori-neige. Un pschitt magique... et, aussitôt, une immense coulée glacée s'est déversée dans toute la banque. Elle a refroidi la gelée de framboise qui nous emprisonnait

et a bloqué dans la glace le chariot des trois affreux. Congelés, les vieux mammouths !

Chapitre 7

16 h 42

Banque centrale de Beverly Hills

Jerry nous attendait à la sortie de la banque pour nous féliciter.

— Beau travail, les filles. Vous avez réussi à coincer le gang du troisième âge.

En passant devant nous avec les menottes aux poignets, Mamie

s'est arrêtée pour caresser la tête de Clover.

— Votre sourire va beaucoup me manquer, jeune fille. Dites, comment faites-vous pour avoir de si beaux cheveux ? Vous devez avoir un secret !

— Bas les pattes, Mamie ! Ça ne marche plus avec moi, toutes vos flatteries. Rejoignez vos petits camarades dans le fourgon blindé.

Jerry a tenu à ce que nous les transférions nous-mêmes au centre de détention.

Et là, quelle surprise ! Le WOOHP avait fait construire un véritable paradis. Une sorte de maison de retraite de luxe pour vieux gangsters.

— Dis donc ! s'est exclamée Clover. Ça me donnerait presque envie de cambrioler une banque.

Nous l'avons foudroyée du regard.

— Ben quoi ? J'ai dit « presque » !

— On pourrait peut-être revenir leur rendre visite de temps en temps, ai-je proposé.

Sam m'a dévisagée comme si je déraillais complètement.

— Et depuis quand rend-on

visite aux malfaiteurs qu'on capture ?

— Depuis que j'ai découvert les cookies à la cerise de Mamie, tiens. Elle a promis qu'elle m'en ferait !

Tandis que Sam secouait la tête d'un air navré, Clover a sorti son portable de sa poche :

— Bon, moi, il faut que j'appelle Ben pour lui dire que, cette fois, ni

le parachute ascensionnel, ni le théâtre, ni ma grand-mère ne m'empêcheront de prendre un cappuccino avec lui demain !

Retrouve Alex, Clover et Sam dans le prochain tome de la série : *Sam en danger !*

Bonjour mesdemoiselles ! Voici ce qui vous attend dans votre prochaine mission :

Les premiers cours à l'Université de Mali-U commencent... il est temps de se mettre au travail ! Et pas qu'à la bibliothèque d'ailleurs... Les meilleurs étudiants du campus disparaissent les uns après les autres !
Ne me décevez pas : soyez irréprochables sur le terrain comme en cours !

Bienvenue dans les archives du WOOHP. Attention, toutes les missions des Spies sont ultra-confidentielles !

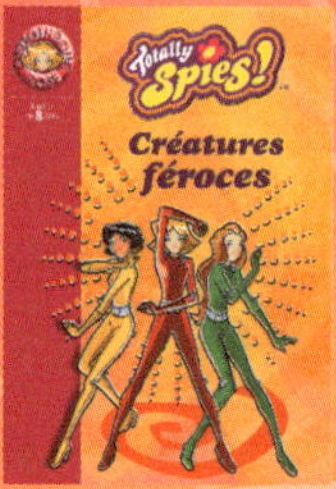

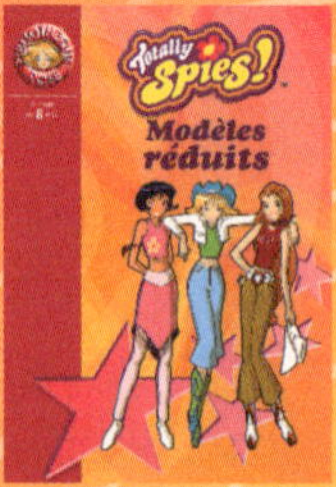

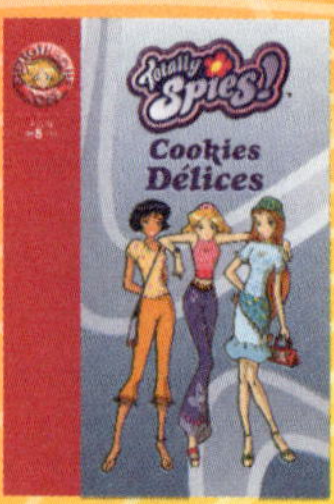

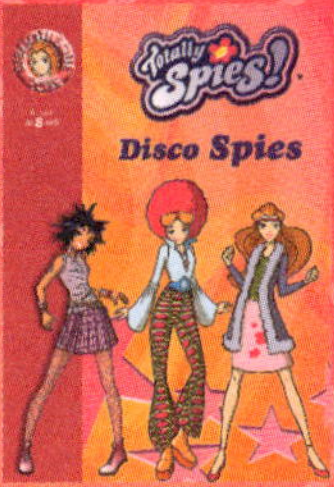
Totally Spies!
Disco Spies

Totally Spies!
Le Cirque de la peur

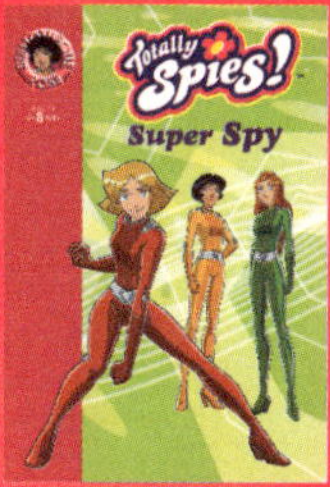
Totally Spies!
Super Spy

Totally Spies!
Coup de foudre à haut risque

Totally Spies!
Action-Vérité

Totally Spies!
Sois beau et bats-toi !

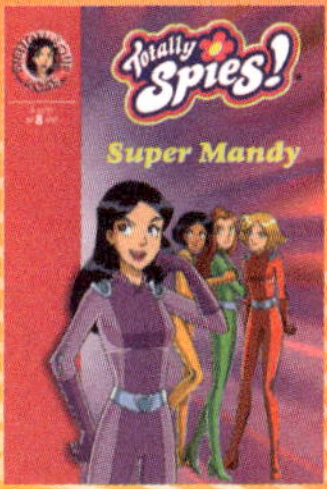
Totally Spies!
Super Mandy

Totally Spies!
Panique au WOOHP

Totally Spies!
Jerry fait son cinéma

Totally Spies!
Le choc du futur

Totally Spies!
Alex déménage

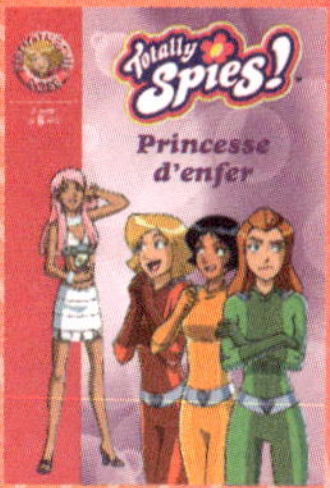
Totally Spies!
Princesse d'enfer

www.bibliothequerose.com
Le site de tes héros préférés
LA BIBLIOTHÈQUE ROSE
TES SÉRIES PRÉFÉRÉES
CONCOURS
QUOI DE NEUF ?
L'ATELIER
LA BOUTIQUE
BIBLIOTHÈQUE ROSE
LA BIBLIOTHÈQUE ROSE

Table

« Pour l'éditeur, le principe est d'utiliser des papiers composés de fibres naturelles, renouvelables, recyclables et fabriquées à partir de bois issus de forêts qui adoptent un système d'aménagement durable. En outre, l'éditeur attend de ses fournisseurs de papier qu'ils s'inscrivent dans une démarche de certification environnementale reconnue. »

Imprimé en France par Jean-Lamour - Groupe Qualibris
Dépôt légal : juin 2008
20.20.1658.2/01 – ISBN 978-2-01-201658-3
Loi n°49-956 du 16 juillet 1949
sur les publications destinées à la jeunesse